Inhalt

Organisationsabteilungen - Konsequenzen der Rationalisierung

Kernthesen

Beitrag

Fallbeispiele

Weiterführende Literatur

Impressum

Organisationsabteilunge - Konsequenzen der Rationalisierung

C.F.Dobner

Kernthesen

- Im Zuge der Verschlankung der Verwaltung fielen vor allem bei mittelständischen Unternehmen häufig die Organisationsabteilungen der Krise zum Opfer.
- Die Rationalisierung der Organisationsabteilungen zieht jedoch langfristig Schäden für das Unternehmen nach sich.
- Der Wert von Organisationsabteilungen scheint nach deren Abbau nun wieder erkannt zu werden.

- Eine echte Alternative zu Rationalisierungsmaßnahmen stellt die Steigerung der Organisationseffizienz dar.
- Im Trend liegt der Wiederaufbau neu strukturierter Organisationsabteilungen über die Personal- oder IT-Abteilung des Unternehmens.

Beitrag

Organisationsverantwortung in Unternehmen

Kleinere Unternehmen leisten sich nur selten eine eigene Organisationsabteilung. Dabei ist diese als gleichwertiger Unternehmensbestandteil zu anderen Abteilungen wie Einkaufs-, Verkaufs-, Rechts-, Personal-, Entwicklungs- oder Forschungsabteilung zu sehen. Schließlich muss sich jedes Unternehmen selbst organisieren. Fraglich ist, welche Abteilung oder welcher Personenkreis diese Aufgaben in kleineren Unternehmen übernimmt. Umfragen haben ergeben, dass nur selten eine Person benannt werden kann, die für die Aufbauorganisation eines Unternehmens verantwortlich ist. Häufig behält sich diese Aufgaben auch die Geschäftsführung vor.

Problematisch dabei ist jedoch, dass sich die Führungsebene auf Grund ihrer Vielzahl wichtiger Aufgaben regelmäßig nur weniger intensiv mit der Unternehmensorganisation auseinandersetzen kann, auch wenn man zutreffend die Auffassung vertreten kann, dass Organisationsaufgaben in kleineren Unternehmen Chefsache sein sollten. Große Konzerne leisten sich dagegen weiterhin eigene Organisationsabteilungen.
Grundsatzentscheidungen, die auf den Arbeiten der Abteilung beruhen, sind auch in großen Unternehmen zweifellos Managementaufgaben. [(1)](), [(2)]()

Aufgaben der Organisationsabteilung

Kernaufgaben der Organisationsabteilungen sind das Setzen von Richtlinien und Standards sowie die Überwachung der Einhaltung dieser. Außerdem muss die formale Struktur eines Unternehmens laufend an Veränderungen angepasst werden. Dazu gehören mit unter Stellenbeschreibungen, Verfahrensrichtlinien und Prozessgestaltung, Abteilungsgliederungen, Hierarchiegestaltung und Gruppengestaltung. Weitere wichtige Aufgaben von Organisationsabteilungen sind die Zentralisierung bzw. Dezentralisierung von Stellen und Abteilungen sowie die Festlegung des Spezialisierungsgrades einzelner Abteilungen. Organisationsabteilungen entscheiden außerdem über die Einführung neuer Technologien sowie über strategische Unternehmensallianzen. (2)

Auswirkungen der Rationalisierung

Da vor allem kleinere Unternehmen mehr und mehr die wichtige Rolle der Organisationsabteilungen verkannt und diese als bloße Luxusabteilung betrachtet haben, fielen sie schnell den Sparmaßnahmen zum Opfer. Dabei wurde übersehen, dass mit der Abschaffung dieser Abteilungen dem Unternehmen ein breites Wissen über Organisation, Expertise und Erfahrung verloren gegangen ist. Kausal mit dem Wegfall der Abteilung ist nicht nur der Verlust von Wissen, sondern insbesondere auch der Wegfall der organisatorischen Überwachungsfunktion verbunden. Wer kontrolliert nun die Struktur und insbesondere ihre Anpassung an die sich laufend ändernden Bedingungen? Wer übernimmt zukünftig die Einführung von Richtlinien und Standards sowie die Überwachung der Einhaltung dieser? Diese Aufgabe belastet zukünftig zusätzlich die oberste Führungsebene. Die Aufgaben einer Organisationsabteilung sind wie man leicht erkennen kann keinesfalls so einfach, dass sie nebenbei erledigt werden können. Außerdem darf neben den Kapazitätsproblemen auch die Frage nach der Kompetenz gestellt werden. Selbstorganisation der einzelnen Abteilungen führt zwangsläufig zu Koordinations- und Effizienzproblemen.

Insbesondere mittelständische Unternehmen haben dies bereits erkannt und besinnen sich zumindest partiell wieder auf den Wert ihrer Organisationsabteilungen zurück. Diese Unternehmen sind bemüht, vorrangig über die Personal- oder die IT-Abteilung wieder eine Organisationsabteilung aufzubauen. [(1)](), [(2)](), [(3)]()

Ursachen der Rationalisierung

Es stellt sich die Frage, welche Ursachen es für die starke Rationalisierung der Verwaltung gegeben hat und wie bzw. ob der Abbau innerhalb der Unternehmen kompensiert werden kann. Hauptursache ist natürlich der häufig genannte Kostenfaktor. Organisationsabteilungen stellen immer eine gewisse wirtschaftliche Belastung dar, zumal ihre Wertschöpfung für das Unternehmen nur schwer messbar ist. Daneben ist auch die strikte Verschlankung der Unternehmen ein viel genanntes Argument. Als weiterer Grund für die Abschaffung der Abteilungen wurde angeführt, dass Organisationsaufgaben leicht an externe Unternehmen wie zum Beispiel Unternehmensberatungen vergeben bzw. ausgelagert werden können. Auch die Tendenz zur "Amerikanisierung des Managements" wurde genannt. Zu diesem Aspekt sei angemerkt, dass amerikanische Unternehmen Organisationsabteilungen grundsätzlich für überflüssig halten. In amerikanischen Unternehmen wurden Organisationsabteilungen in aller Regel bereits vor mehr als fünfzig Jahren abgeschafft. Diese Auffassung vertreten auch amerikanische Unternehmensberatungen strikt. Unternehmen mit amerikanischen Beteiligungen verfügen deshalb nur selten über Organisationsabteilungen.

Ein Großteil der Unternehmen ohne eigene Organisationsabteilung kompensiert den Mangel damit, die Aufgaben auf Managementebene anzusiedeln. Teilweise werden die Aufgaben an externe Beratungsunternehmen vergeben. Der Nachteil daran ist offensichtlich: Die Leistungen müssen in aller Regel teuer eingekauft werden. (1)

Gestaltung neuer effizienter Organisationsabteilungen

Es ist sicher nicht sinnvoll nach Abschaffung der Abteilungen die alten Abteilungen mit den alten Strukturen wieder einzuführen. Die vorhandenen Strukturen in den bisherigen Organisationsabteilungen müssen für neue Strukturen aufgebrochen werden. Organisationsabteilungen sollen schlank und effizient sein. Zweifellos kann eine eigene interne Organisationsabteilung Aufgaben, die nicht laufend gebraucht werden, extern beziehen. Ein gewisser interner Mindeststab ist jedoch schon aus Koordinations- und Überwachungsgründen dringend erforderlich. Wie unter anderem die ständigen Korruptionsaffären zeigen, sollte eine Abteilung, die für die Überwachung zuständig ist, hierarchisch weit oben angesiedelt sein. Somit tragen Organisationsabteilungen auch zur Minimierung derartiger Risiken bei. Aufgrund der zentralen Aufgaben müssen Organisatoren hohe Qualifikationen, insbesondere in den Bereichen Strukturierungsfähigkeit, Kommunikationsgestaltung und Organisation aufweisen können. (4), (5)

Trends

In schlechten Zeiten die Verwaltung zu rationalisieren, lag lange Zeit im Trend. Ein neuer Trend scheint jedoch nun der Wiederaufbau von Organisationsabteilungen zu sein; vor allem in mittelständischen Unternehmen, die ihre Abteilungen schon mal aufgegeben hatten.

Dabei wird die Tendenz sichtbar, die neuen Abteilungen über die Personalabteilung aufzubauen und neu zu strukturieren. In selteneren Fällen übernehmen die Organisationsaufgaben nach Wegfall der Abteilungen das Management oder andere Abteilungen wie zum Beispiel die IT-Abteilung. IT-Abteilungen fokussieren jedoch regelmäßig bloß die Ablauforganisation und bilden diese mittels IT-Systemen ab. Generell wird der Wert einer Organisationsabteilung aber anscheinend inzwischen wieder erkannt.(1), (2)

Fallbeispiele

Von Rationalisierungsmaßnahmen im Bereich der Organisation haben trotz Wirtschaftskrise Konzerne wie Volkswagen, Daimler, Bayer oder die Deutsche Bahn abgesehen. Sie beschäftigten nach wie vor hochqualifizierte Experten in ihren Organisationsabteilungen, die die Aufrechterhaltung der Organisationseffizienz laufend beobachten.

Einige Unternehmen wie Siemens setzen nach Abbau der Organisationsabteilungen dagegen auf Inhouse-Beratungen, um damit eine gewisse Einheitlichkeit von Regelungen im Organisationsbereich gewährleisten zu können. (1), (4)

In vielen Sparkassen sind in den Organisationsabteilungen historisch gewachsen zu viele Aufgaben aufgelaufen. Trotzdem wird häufig der Wertbeitrag dieser Abteilung nicht erkannt und es entstehen Konflikte mit Fachabteilungen. Dieser

Entwicklung wird entgegengewirkt, indem die Organisationsabteilung ihr Leistungsspektrum gezielt an den Anforderungen von Markt und internen Kunden ausrichtet. (2)

Der Unternehmensbereich Organisation der Stadtsparkasse München hat die Bedeutung von Neustrukturierungen frühzeitig erkannt. Durch die Migration zur Finanzinformatik wurde eine Umstrukturierung notwendig und man musste sich auf die neuen Herausforderungen einer Organisation einstellen. Ein Ergebnis war dabei die Einrichtung des neuen Bereichs Organisationsberatung. (6)

Weiterführende Literatur

(1) Vom Verschwinden der Organisationsabteilungen - und von den möglichen Konsequenzen
aus ZFO - Zeitschrift Führung und Organisation 05/2009, S.217

(2) Überlegungen zur künftigen Positionierung Organisationsabteilungen sollen zum Motor des Wandels werden
aus Betriebswirtschaftliche Blätter, Februar 2010, Nr. 02, S. 100

(3) Beschäftigungszahlen Siemens profitiert von

Kurzarbeit
aus HANDELSBLATT online 26.04.2010 21:31:40

(4) Traumjob Unternehmensberater // Konzerne bauen ihre internen Consultingbereiche aus. Die neuen Jobs bieten gute Aufstiegschancen
aus Der Tagesspiegel Nr. 20618 VOM 16.05.2010 SEITE K02

(5) Rezession kostet Millionen Verwaltungsjobs
aus Der Tagesspiegel Nr. 20618 VOM 16.05.2010 SEITE K02

(6) Neue Struktur der Organisation stellt sich auf zukünftige Herausforderungen ein Organisationsberatung als neue Dienstleistung
aus Die SparkassenZeitung, 05.02.2010, Nr. 05, S. 18

Impressum

Organisationsabteilungen - Konsequenzen der Rationalisierung

Bibliografische Information der deutschen Nationalbibliothek

Die Deutsche Nationalbibliothek verzeichnet diese Publikation in der deutschen Nationalbibliografie; detaillierte bibliografische Daten sind im Internet über http://dnb.d-nb.de abrufbar.

ISBN: 978-3-7379-0080-5

© 2015 GBI-Genios Deutsche Wirtschaftsdatenbank GmbH, Freischützstraße 96, 81927 München, www.genios.de

Alle Rechte vorbehalten. Dieses Werk ist einschließlich aller seiner Teile – z.B. Texte, Tabellen und Grafiken - urheberrechtlich geschützt. Jede Verwertung außerhalb der Grenzen des Urheberrechtsgesetzes bedarf der vorherigen Zustimmung des Verlags. Dies gilt insbesondere auch für auszugsweise Nachdrucke, fotomechanische

Vervielfältigungen (Fotokopie/Mikroskopie), Übersetzungen, Auswertungen durch Datenbanken oder ähnliche Einrichtungen und die Einspeicherung und Verarbeitung in elektronischen Systemen.